FACULTÉ DE DROIT

DE LYON

AVIS DE LA FACULTÉ

SUR LES

Modifications à introduire dans la rédaction de l'article 105

DU CODE DE COMMERCE

LYON

IMPRIMERIE MOUGIN-RUSAND

3, Rue Stella, 3

1881

AVIS DE LA FACULTÉ

SUR LES

Modifications à introduire dans la rédaction de l'article 105

DU CODE DE COMMERCE

UNIVERSITÉ DE FRANCE

FACULTÉ DE DROIT
DE LYON

AVIS DE LA FACULTÉ

SUR LES

Modifications à introduire dans la rédaction de l'article 105

DU CODE DE COMMERCE

LYON

IMPRIMERIE MOUGIN-RUSAND

3, Rue Stella, 3

1881

FACULTÉ DE DROIT

DE LYON

L'an 1880, le mardi 14 décembre, la Faculté de Droit de Lyon s'est réunie dans le lieu ordinaire de ses séances, sur la convocation et sous la présidence de M. CAILLEMER, doyen.

Étaient présents : MM. MABIRE, GARRAUD, APPLETON, FLURER, THALLER, ÉNOU, professeurs ; AUDIBERT, HANOTEAU, COHENDY, LESEUR, agrégés ; BECQ, secrétaire.

Le Doyen a rappelé que M. le Garde des Sceaux, Ministre de la Justice, a institué une Commission chargée d'examiner les modifications à introduire dans la rédaction de l'article 105 du Code de Commerce, et que cette Commission a rédigé une note contenant plusieurs questions sur lesquelles elle désire avoir l'avis des Facultés de Droit.

La note a été communiquée à la Faculté, dans sa séance du 24 novembre, et MM. THALLER, professeur de droit commercial, ROUGIER, professeur d'économie politique, et Audibert, précédemment chargé du cours de législation industrielle, ont été priés de vouloir bien préparer un projet de réponse.

La Commission s'est plusieurs fois réunie, et elle a choisi M. Thaller pour rapporteur.

Après cet exposé, le Doyen a invité M. Thaller à donner à la Faculté lecture du rapport, dont le texte suit :

RAPPORT DE M. THALLER

I

La Faculté de Droit de Lyon a été saisie de la question des transports par la note suivante :

« Un certain nombre de pétitions ayant été
« adressées à la Chambre des Députés au sujet
« des difficultés qui résultent, pour les relations
« commerciales, de l'application de l'article 105
« du Code de commerce aux transports par che-
« mins de fer, ces pétitions ont été renvoyées à
« l'examen des Ministres de la justice, des tra-
« vaux publics, de l'agriculture et du commerce.

« Les Ministres se sont concertés et ont con-
« stitué une Commission composée de fonction-
« naires appartenant à leurs départements et pré-
« sidée par le Sous-Secrétaire d'État au Minis-
« tère de la justice, à l'effet d'étudier les modifi-
« cations dont la disposition ci-dessus serait sus-
« ceptible. Cette Commission a décidé qu'il y avait
« lieu, tout d'abord, de procéder à une enquête,
« afin de recueillir les avis de la Cour de cassa-
« tion, des Cours d'appel, des Facultés de droit,
« des Tribunaux de commerce, des Chambres de
« commerce et des Compagnies de chemins de
« fer sur les questions suivantes :

« 1° L'article 105 du Code de commerce édicte
« que la réception des objets transportés et le paye-
« ment du prix de transport éteignent toute action
« contre le voiturier.

« Cette disposition s'applique incontestablement
« au cas où l'action a pour cause des *avaries*, des
« *pertes* ou des *retards* dans le transport.

« Les commerçants se plaignent de l'application
« de cet article. Les conditions dans lesquelles ont
« lieu les transports par chemins de fer, la rapidité
« inévitable des livraisons, la nécessité de payer le
« transport immédiatement, l'impossibilité de rece-
« voir sous réserve, rendent, disent-ils, illusoire, en
« pratique, la faculté de vérification.

« A raison de ces réclamations, y aurait-il lieu
« d'accorder au destinataire un délai court pendant
« lequel il pourrait, même après la réception des

« marchandises et le payement des transports, ré-
« clamer des dommages-intérêts pour les avaries
« ou les pertes, à condition de prouver que ces ava-
« ries ou pertes sont survenues pendant le trans-
« port ?

« Y aurait-il lieu également d'accorder au
« destinataire, pendant un délai court après la
« réception, le droit de réclamer des dommages-
« intérêts pour retard ?

« 2° Les dispositions de l'article 105 ont été
« étendues, par une jurisprudence récente, aux
« actions en détaxe dirigées contre le voiturier,
« lorsque ces actions n'ont pas pour objet la rec-
« tification d'une simple erreur de calcul, mais
« portent sur l'existence même des conditions du
« contrat de transport, ou sur une faute com-
« mise dans l'exécution de ce contrat. (Arrêt de la
« Cour de cassation, chambre civile, 25 avril 1877.)

« Les pétitionnaires se plaignent que les Com-
« pagnies conservent toujours le droit de récla-
« mer les suppléments de taxes qui n'ont pas été
« exactement calculées, et qu'au contraire les né-
« gociants ne peuvent, dans la plupart des cas,
« obtenir la restitution des sommes payées en trop;
« c'est ce qui a lieu notamment lorsque la taxe sur-
« élevée a eu pour cause soit l'application d'un
« tarif qui n'eût pas dû être appliqué au cas parti-
« culier, soit une erreur de direction qui a allongé
« le parcours. Les réclamations à formuler ne
« peuvent, disent-ils, être présentées avant la ré-

« ception. La nécessité d'enlever immédiatement
« les marchandises dans les gares ne permet pas,
« à ce moment, de reconnaître des erreurs qui, à
« raison de la complication des tarifs, ne peuvent,
« être découvertes que par un examen parfois as-
« sez prolongé.

« Y aurait-il lieu, en conséquence, de distin-
« guer les actions pour avaries, pertes ou retards,
« des actions en détaxe et de n'appliquer l'article
« 105, même modifié, qu'aux premières, en édic-
« tant, pour les secondes, une prescription spé-
« ciale de courte durée ?

« Les juridictions, corporations ou sociétés
« consultées sont, en outre, invitées à faire con-
« naître leurs vues sur les modifications qui
« pourraient être apportées à la législation des
« transports. »

II

L'article 105 du Code de commerce dispose que
« la réception des objets transportés et le paiement
du prix de la voiture éteignent toute action contre le voiturier ».

La loi part de cette idée que le destinataire qui
reçoit sans protestation les marchandises expé-
diées et paie en outre le prix de voiture, reconnaît
implicitement que le transport s'est effectué d'une
manière régulière, ou renonce tout au moins au

droit de soulever ultérieurement contre le voiturier toute action en responsabilité.

Pour savoir si cette disposition demande à être modifiée et dans quel sens la modification doit se faire, il importe d'examiner isolément les différentes actions que le texte embrasse dans la généralité de ses termes.

1° *Avaries*. — Nous assimilons aux détériorations les pertes partielles, c'est-à-dire les manquants ou déchets extraordinaires, les écarts entre les quantités livrées et celles que portent la lettre de voiture, le récépissé, la déclaration d'expédition.

Dès que le destinataire a pris livraison des marchandises et acquitté les frais de port, il cesse de pouvoir demander compte de ces avaries ou de ces pertes au voiturier, à la Compagnie de chemins de fer. D'où l'obligation pour lui de n'accepter les colis qu'après les avoir vérifiés et de s'abstenir de payer le prix tant qu'il ne s'est pas assuré du bon état des marchandises.

Il y a des avaries dont la constatation est facile : ce sont celles qui affectent extérieurement le colis, qui apparaissent sans qu'il soit nécessaire de le sortir de son enveloppe : il suffit d'un examen même superficiel pour les remarquer. D'autre part, la mise des colis sur la bascule, ou tel autre procédé rapide de contrôle consacré par l'usage permet de constater les manquants sans déballage. A l'égard de ces avaries ou de ces pertes, nous ne voyons aucune nécessité de modifier la loi dans un sens favorable aux destinataires. S'ils ont accepté sans réserves des colis détériorés ou incomplets, sans même les soumettre à une inspection extérieure, ils n'ont qu'à s'en prendre à eux-mêmes d'une négligence qui paraît sans excuse. Leur silence implique, soit approbation, soit absence complète de précautions : qu'on l'interprète dans l'un ou dans l'autre sens, il doit mettre obstacle à toute réclamation ultérieure.

Nous allons même plus loin. Le paiement du prix de la voiture devrait être, à ce point de vue, tout à fait indifférent. La loi voit dans ce paiement, de la part du destinataire, une preuve nouvelle de sa satisfaction, preuve qui vient s'ajouter à la première et la compléter; tandis, qu'en fait, le destinataire paie le plus habituellement pour être mis plus vite en possession de la marchandise, et sans pour autant vouloir donner décharge à la Compagnie. Il en résulte une différence entre les expéditions en port payé et celles en port dû que nous voudrions voir disparaître. Si la taxe a été acquittée d'avance, le recours à raison d'avaries est conservé nonobstant la réception. Et pourtant le fait d'avoir accepté les marchandises les yeux fermés, devrait, ce semble, avoir pour le récepteur les mêmes conséquences que dans le cas de paiement à l'arrivée.

Si nous approuvons la loi sur ce premier point, en manifestant même le vœu que le paiement du prix cesse à l'avenir d'être une des conditions de la décharge du voiturier, nous demandons que la loi précise la procédure à suivre, lorsque le destinataire aura protesté contre ces avaries pour conserver son recours. L'article 106 est peu clair : l'ambiguité de ses termes a permis pendant longtemps aux Compagnies de s'opposer avec une certaine apparence de raison aux vérifications amiables. Il serait bon que la loi reconnût expressément au voiturier le droit de retenir le colis par devers lui en cas de protestation ou de refus d'émarger les registres : il serait bon de laisser au destinataire un certain délai à partir de ce refus pour se transporter aux bureaux de la Compagnie et procéder, de concert avec un de ses agents, à une vérification amiable, sorte d'expertise faite par les intéressés eux-mêmes, qui permettrait de déterminer la cause et le montant des détériorations et pourrait aboutir à un règlement de comptes. Il serait toujours temps, si cette entente ne pouvait avoir lieu, de recourir à l'expertise judiciaire, suivant ordonnance du président du Tribunal ou du juge de paix, délivrée sur simple requête.

Mais la jurisprudence étend l'article 105 même aux avaries internes, qui n'apparaissent qu'après ouverture du colis. Cette extension, qu'autorise la généralité du texte, est tout-à-fait regrettable. Le destinataire, pour se réserver le recours, ne doit plus se contenter d'examiner le colis extérieurement, il doit l'ouvrir, le dépouiller de son contenant, rechercher si la marchandise n'a pas subi par le fait du voyage des dégradations dont l'enveloppe ne porte point la trace, et, s'il paie le port sans prendre ces précautions, il est déchu. C'est un abus, et nous comprenons que le commerce s'afflige de ces exigences, qui ne sont pas conçues d'ailleurs dans un esprit suffisamment pratique. Écoutons les doléances des pétitionnaires.

Les livraisons ont lieu soit en gare, soit à domicile.

Si le destinataire fait chercher en gare les colis dont il est avisé, c'est dans un magasin public, au milieu du va-et-vient des employés et des facteurs, qu'il lui faudra procéder à ce contrôle que la loi lui impose. L'emplacement est convenablement choisi, vraiment, pour cette opération qui commande le calme et l'attention! Les Tribunaux admettent, il est vrai, que, si l'encombrement est tel que la vérification devienne illusoire, le destinataire ne perd pas son droit ultérieur à des dommages et intérêts. Mais, sans insister sur le côté toujours arbitraire de ces appréciations de fait, et sur l'impossibilité où l'on est de dire avec précision où l'encombrement commence et où il s'arrête, à combien d'autres écueils le récepteur ne va-t-il pas se heurter? Aura-t-il sous la main tous les outils qui lui permettront de déballer les colis, de déclouer les caisses, de jauger les fûts, d'en constater l'état de vidange, d'en déguster le contenu? Et si la Compagnie ne consent pas à lui prêter ces outils de son plein gré, il faudra donc qu'il s'en soit muni d'avance. Dans ces conditions, le destinataire préférera prendre les colis de con-

fiance, et ce n'est qu'après les avoir transportés
dans ses propres magasins qu'il s'apercevra de
l'avarie : trop tard pour pouvoir utilement réclamer. A-t-il été en faute? Non. A-t-il voulu, par
son émargement, donner à la Compagnie décharge
de toute responsabilité? Pas davantage. Donc la
loi est injuste en le frappant.

Quand la marchandise est livrée à domicile, la
vérification n'offre pas moins de difficultés. Le destinataire se déclarant prêt à ouvrir les colis avant
de donner sa signature et son argent, le camionneur opposera une vive résistance avant d'y con-
sentir. Nous voulons bien admettre, à l'honneur
des Compagnies, qu'elles ne donnent pas pour ins-
tructions à leurs agents de répondre par un refus
catégorique. Lorsqu'il arrive à un négociant de se
plaindre en justice des procédés de la Compagnie,
il se contente d'une allégation vague dont les Tribunaux ne peuvent se contenter : s'il est sûr de
son fait, que ne recourt-il au témoignage de ses
commis ? Ce qui nous paraît plus exact, c'est que
le camionneur s'exécutera d'assez mauvaise grâce.
Pour peu que la vérification prenne du temps, il
prétextera les exigences de son service et le retard que sa présence prolongée occasionnerait
aux autres clients. De toute manière, le négociant
ou ses employés sont occupés au moment de l'arrivée des colis : ils devront abandonner d'urgence
le travail commencé pour procéder à la vérification intérieure de la marchandise. La vérification
détermine-t-elle un refus de prendre livraison,

l'agent de la Compagnie va donc recharger sur son camion la marchandise remballée à la hâte et imparfaitement; et voilà le colis, reprenant le chemin de la gare, ficelles au vent, enveloppe béante, exposé à tous les chocs du véhicule et à toutes les intempéries!

Ici encore, pour s'éviter ces discussions et ces déboires, le destinataire, en désespoir de cause, paiera et signera sans avoir vérifié.

Il n'a qu'à accepter sous réserve, dira-t-on. Oui, mais il faut qu'il paie pour prendre livraison : il est certain que, tant que le prix n'est pas acquitté, le voiturier a le droit de demeurer nanti. — Soit, pourrait-on ajouter, il paiera : tout en payant il protestera, s'il constate des avaries; mieux encore, afin de s'épargner l'ennui de déballer immédiatement, il fera ses réserves.

Théoriquement nous ne voyons pas ce qui s'opposerait à cette façon d'agir. Le voiturier n'a d'autre alternative que de laisser le négociant prendre acte de sa protestation, ou de remporter le colis : de l'une ou l'autre manière le recours est conservé. Mais ici encore se présentent des difficultés de fait qui enlèvent toute sanction au droit du destinataire.

Dans l'état actuel des choses, le livre d'émargement ou les feuilles volantes sur lesquelles la Compagnie requiert le commerçant de signer, sont divisées en d'étroites colonnes, dont chacune doit recevoir une mention particulière, relativement à la marchandise : la dernière seule est demeurée en blanc, au moment où le colis est livré. De sorte que le destinataire a tout juste la place d'apposer sa signature dans un cadre microscopique. Comment et à quel endroit dans ces conditions formulerait-il ses réserves ?

Qu'on ne s'étonne pas de nous voir ainsi nous abaisser à de minutieuses considérations de comptabilité. C'est souvent dans les plus petits détails d'application que se révèlent les erreurs d'un principe. Les Compagnies sont maîtresses de la tenue de leurs livres, et le public, qui n'a pas été consulté, est bien obligé d'accepter la situation qui lui est faite. Tant que les Compagnies continueront à suivre la pratique actuellement en cours, le droit pour le destinataire de faire des réserves ne sera que lettre morte. Le jour où elles consentiront à introduire un perfectionnement dans leurs écritures, et à ouvrir une colonne destinée à recevoir les observations des destinataires, ceux-ci ne se feront pas faute de la remplir à toute aventure, n'ayant rien à y perdre et tout à y gagner ; et la clause « sous réserve de tous recours pour avaries ou pertes » finira par devenir de style. Mieux vaut corriger de suite la loi que de laisser éventuellement aux particuliers le moyen de l'éluder.

Ne serait-il pas préférable de reconnaître au destinataire le droit d'agir contre le voiturier en indemnité, malgré toute réception et tout paiement ? Dans un délai que la loi fixerait, il adresserait la réclamation à la Compagnie. Un registre

ouvert dans toutes les gares recevrait sa protestation, accompagnée de l'indication précise de l'avarie ou de la perte dont il se prétend victime. Ce
délai serait fort court : d'un jour franc, par exem-
ple ; on sait combien il est difficile, passé un certain temps, d'établir la cause d'une détérioration
et de savoir à quelle époque la rapporter. Dans un
délai nouveau, également très bref, un agent de
la Compagnie se présenterait au domicile du destinataire pour constater l'avarie : ils fixeraient ensemble, si possible, un compte amiable d'indemnité. L'agent ne se présentant pas, ou l'accord ne
parvenant pas à s'établir, il y aurait lieu, sur la requête de l'un des intéressés, à l'expertise judiciaire.

Cette distinction entre les avaries apparentes
et occultes est faite par le Code de commerce de
l'Empire d'Allemagne (art. 408), dont la loi fé-
dérale suisse a reproduit la règle (art. 45) ; nous
pensons que notre Code pourrait se l'approprier.
La loi allemande laisse au destinataire un délai
moral pour élever sa réclamation, pourvu qu'elle
soit faite immédiatement après la découverte de
l'avarie. Mieux vaudrait fixer un délai uniforme
et légal, pour ne pas donner prise à la chicane.

2° *Retards*. — Les raisons qui militent en
faveur du maintien de l'article 105 à l'égard des
avaries, tout au moins apparentes, ne se présentent plus lorsqu'il s'agit de retard. Si la constatation de l'avarie n'est possible que dans un

délai très rapproché de l'époque du transport, les preuves du retard ne s'effacent pas aussi vite ; les livres de la Compagnie mentionnent le jour d'expédition et celui d'arrivée ; il suffira de comparer ces deux dates pour savoir si la livraison a eu lieu dans les délais réglementaires. D'un autre côté, le silence du destinataire ne peut lui être imputé à faute : il est permis de constater après coup que le voiturier a dépassé le terme qui lui était imparti. Même, s'il avait voulu protester au moment de la réception, de quelle manière l'aurait-il fait ?

Nous rejetons l'application de l'article 105, et nous proposons d'étendre à cette hypothèse la prescription de six mois de l'art. 108, que la loi a le tort de n'appliquer dans ses termes qu'à certains cas de responsabilité, tandis qu'elle devrait, suivant nous, devenir la prescription générale en matière de transport.

3° *Actions en détaxe.* — Le destinataire s'aperçoit après réception qu'il a payé à la Compagnie une somme trop élevée. La fin de non-recevoir de l'article 105 s'oppose-t-elle à l'action en répétition ?

On s'accorde à repousser l'application de ce texte, quand l'action a pour objet la réparation d'une erreur de calcul ou d'une erreur intervenue dans l'application des tarifs. Mais, d'après une jurisprudence récente, quand la répétition a pour cause une prolongation de parcours, que la Compagnie aurait fait subir à la marchandise, ou encore l'application d'un tarif autre que celui auquel expéditeur et destinataire avaient droit, l'art. 105 recouvrerait son empire, et la réception des marchandises, accompagnée du paiement du prix, entraînerait déchéance contre les intéressés.

Nous ne voyons pas quelle raison intime, quel argument impénétrable, a pu déterminer la Cour de cassation à proposer cette distinction. Dans un cas comme dans l'autre, l'action en répétition a sa base non dans le contrat de transport lui-même, mais dans le paiement de l'indû, et la prétention repose sur l'art. 1376 du Code civil. Dans l'une et l'autre hypothèse, l'article 105 nous semble inapplicable, d'autant qu'il est difficile de considérer comme ayant effectivement acquitté le prix de voiture celui qui prétend avoir trop payé, et que l'une des deux conditions requises par le texte se trouve dès lors faire défaut. Quoi qu'il en soit, il ne faut pas laisser à cette jurisprudence le temps de se consolider.

Le destinataire, s'apercevant d'une erreur qu'il lui eût été souvent difficile de constater à l'instant même de la livraison, doit conserver son recours. Rigoureusement, ce recours ne devrait s'éteindre que par la prescription de droit commun. Mais, afin que les Compagnies ne restent pas indéfiniment sous le coup des poursuites, nous proposons d'appliquer à cette action, comme à la précédente, la prescription de l'article 108, cette prescription ayant son point de départ au jour du paiement.

Voici, en conséquence, comment, d'après la Faculté, les art. 105 et 106, C. Comm., devraient être remaniés :

« Art. 105. — La réception des objets transportés éteint toute action contre le voiturier, à raison des avaries apparentes et extérieures et des manquants dont l'accomplissement des précautions d'usage permettait au destinataire de s'assurer.

« Toutes autres actions sont soumises à la prescription de l'art. 108, qui court, en cas de demande en détaxe, à partir du jour du paiement.

« Art. 106. — En cas d'avaries extérieures ayant déterminé le refus de réception, le destinataire, dans un délai d'un jour franc, ira procéder chez le voiturier et de concert avec lui à la vérification amiable des marchandises ; après quoi, le compte des dommages et intérêts sera dressé, s'il y a lieu.

« S'il s'agit d'avaries internes, le destinataire nanti doit, à peine de déchéance, dans un délai d'un jour franc à partir de la réception, donner avis au voiturier de l'avarie et en requérir la vérification. Dans un nouveau délai de même durée, le voiturier se rendra chez le destinataire pour procéder, en sa présence, à la constatation des marchandises.

« Dans l'un et dans l'autre cas, si la vérification amiable n'a point lieu ou n'a pu aboutir, l'état des marchandises sera vérifié et constaté par dés experts....., etc. »

(La suite comme à l'article 106, dont on peut,

à partir de cet endroit, reproduire intégralement le texte).

Telles sont les modifications que nous croyons devoir proposer à la commission ministérielle, sur la question spéciale qui a déterminé la pétition.

III

Les auteurs de la note nous invitent en terminant à faire connaître nos vues sur les modifications de diverse nature qui pourraient être apportées à la législation des transports.

Cette législation a une source double, du moins lorsqu'il s'agit de chemins de fer ou d'autres entreprises fonctionnant en vertu d'actes de concession : elle comprend, d'une part, les cahiers des charges et les tarifs homologués, et de l'autre les dispositions d'ordre privé destinées à régler la responsabilité de l'agent de transport vis-à-vis de ceux qui recourent à son entremise, ou inversement.

Ce n'est pas sur la partie administrative de la question que la Commission nous fait l'honneur de nous consulter. Bien que les termes dont elle se sert puissent prêter à une certaine équivoque, il n'a pas dû être dans ses intentions d'obtenir de la Faculté un plaidoyer pour ou contre la révision des taxes, à propos d'un incident auquel les pétition-

naires eux-mêmes étaient loin d'attacher une pa-
reille portée.

Nous craindrions, en abordant ce terrain, de
nous engager dans des considérations à perte de
vue, et d'en arriver même, comme une question en
appelle facilement une autre, à discuter le système
du rachat et de l'exploitation directe des voies fer-
rées par l'État. Peu de points économiques offrent,
il est vrai, un égal intérêt d'actualité ; récemment
encore, en même temps que la question s'agitait
au sein d'une commission parlementaire, elle pro-
voquait, dans le monde des publicistes, et de la
part des honorables Compagnies autorisées à par-
ler au nom du commerce, un échange de critiques
consciencieuses et d'observations de bon aloi.
Mais l'abondance même des pièces qui figurent
aujourd'hui à cet important dossier serait une
raison de plus pour nous détourner de l'examen
d'une thèse à laquelle il nous serait difficile d'apporter des éléments nouveaux d'information.

Qu'il nous suffise de faire remarquer en passant
à quel point toutes les réformes se touchent dans
l'ordre du droit, et comment une heureuse révision
de la législation administrative des chemins de
fer, sans effacer le vice originel dont l'article 105
est affecté, aurait pour effet de tempérer les ri-
gueurs de ce texte et d'enlever souvent au destinataire l'occasion de protester.

La véritable raison de l'encombrement des gares, on la trouverait peut-être, en cherchant bien,
dans le pouvoir qu'ont les Compagnies de garder

les colis dans leurs hangars ou leurs wagons, même après les délais d'enlèvement, pendant une période dont elles sont libres de fixer le terme, et en faisant payer au destinataire le droit de magasinage. De là ces accumulations de marchandises qui rendent à certains moments la circulation littéralement impossible dans les gares et réduisent souvent la faculté de vérification à un vain mot.

A cela les Compagnies répondront que les destinataires sont libres de retirer les colis dès qu'ils sont arrivés ou de les faire camionner à domicile, que l'encombrement dont ils se plaignent provient de leur fait, qu'ils sont mal venus à récriminer.

Oui, sans doute; mais à tout le moins faut-il que le commerçant ait été informé de l'arrivage, et la jurisprudence ne fait pas de la lettre d'avis une obligation à la charge du chef de gare.

A cette réserve près, l'observation des Compagnies est assez juste : aussi ne rejetons-nous pas sur elles tous les torts. Le commerce s'est habitué à voir dans les gares des sortes d'entrepôts où les marchandises attendent une occasion de vente. Est-ce une raison, si cette pratique, à la formation de laquelle les négociants ont contribué, se retourne contre eux, de les renvoyer de leurs plaintes? C'est plutôt aux règlements qu'il faut s'en prendre. Les chemins de fer eux-mêmes n'y trouvent pas leur compte. Les Compagnies ne sont pas des magasins généraux, et l'agrandissement des gares nécessite une immobilisation de capitaux

qui trouveraient mieux leur emploi dans le maté-
riel roulant.

L'usage dont nous parlons a de plus l'inconvé-
nient de multiplier les risques d'avaries. Il ne faut
pas croire que c'est pendant la route que les marchandises courent le plus de chances de détérioration : lorsqu'elles sont chargées sur des wagons
couverts et fermés, elles n'ont guère que les accidents de train à redouter, et, si ces accidents ne
décroissent pas avec toute la rapidité souhaitable,
on conviendra qu'ils sont en somme assez rares,
C'est plutôt dans la période qui suit l'arrivée en
gare que les colis se dégradent, tandis qu'ils attendent patiemment sur les quais de débarcadère,
exposés au grand air ou à la pluie, que leur maître vienne les réclamer. Qu'on s'étonne après cela,
si, à défaut du maître, quelque employé de service
ou un oisif, habitué à rôder dans ces parages, in-
trigué de connaître le contenu de ces ballots qui
s'éternisent sous ses yeux, prend un jour la fan-
taisie d'y glisser la main, et, la trouvaille faite, se
dispense — pure mégarde sans doute — de la réin-
tégrer ! Il nous paraît certain que, si les livraisons
s'effectuaient plus vite, les négociants auraient
moins souvent à regretter l'application de l'article
105 à leur dépens.

Enfin, si l'on parvenait à apporter dans les tarifs
administratifs, sinon l'unité parfaite qui n'est ni
réalisable ni même à désirer, du moins une sim-
plification relative, plus d'un procès serait évité, et
plus rarement le négociant s'apercevrait, après

avoir acquitté le port, qu'il l'a payé au double. Ces tarifs généraux, spéciaux, communs, différentiels, de transit, d'exportation, sont un vrai dédale où se perdent les hommes compétents. Ne pourrait-on pas faire en sorte que la base kilométrique au moins fût uniforme, indépendamment des régions traversées ?

Lorsqu'il s'agit d'adapter ces taxes multiples à un transport déterminé, un agent exercé a besoin de toute son attention pour ne pas se tromper dans le décompte des frais. Et l'on veut que le destinataire, au moment où le colis lui parvient, découvre, du premier coup-d'œil, l'erreur commise à ses dépens, avant que le camionneur ait passé à sa caisse, sous peine de déchéance ? Quand la vérité se dégage avec une telle évidence, elle se passe de démonstration. Dire que pour échapper à la rigueur du Code, le destinataire n'a d'autre ressource que de recommander à ses correspondants d'affranchir leurs envois ! comme si l'erreur commise par le récepteur était moins digne d'excuse que celle de l'expéditeur ! Quoi qu'on puisse dire, une loi sous le couvert de laquelle peuvent se produire de pareilles anomalies, n'est pas une bonne loi.

Si nous passons maintenant aux règles d'ordre purement privé, trouvant naturellement leur place dans un Code de commerce, les deux sections du titre vi qui traitent du contrat de transport, demandent-elles à être remaniées ? D'après ce qui

s'est passé chez les Belges, nos voisins, il semble-
rait que non. En Belgique, presque tous les titres
de notre Code ont été l'objet de révisions successi-
ves ; une des seules parties qu'ils aient laissée in-
tacte jusque dans ces dernières années est précisé-
ment la partie du transport.

Et cependant il suffit de parcourir les quelques
articles qui gouvernent ce contrat, pour s'aperce-
voir que l'article 105 est escorté d'autres textes
d'une rédaction peu heureuse ou qui ont cessé d'ê-
tre en harmonie avec les besoins du commerce.
Les uns ont vieilli sous l'action du temps et des
affaires : la lettre de voiture avec sa formule sa-
cramentelle n'est plus en honneur, elle a cédé la
place au récépissé dont le style plus sec convient
mieux à la célérité des transactions.

D'autres manquent de clarté, comme l'art. 108,
qui règle la prescription de six mois, sans qu'on
puisse savoir au juste si sa portée se limite aux
deux actions énoncées par le texte. La Commission
remarquera que nous arrivons à dissiper cette
obscurité, grâce à la retouche que nous faisons
subir à l'art. 105. A tant faire que de modifier ce
dernier texte, il nous a semblé qu'on pouvait du
même coup viser dans la rédaction nouvelle la
prescription de six mois, et laisser ainsi l'art. 108
en apparence intact, tout en y apportant la lumière.

Sur des points nombreux, devenus aujour-
d'hui d'un intérêt majeur, la loi garde le silence.
Elle ne dit rien, notamment, du cas où la marchandise passe par la filière de plusieurs voituriers

avant d'arriver à destination : les recours de ces divers agents de transport en cas de procès, la possibilité d'actionner indifféremment l'un ou l'autre, soulèvent de sérieuses difficultés que les principes généraux du droit ne permettent pas toujours de résoudre. Sans doute, la Faculté ne pense pas que le législateur doive descendre jusqu'aux minutieux détails de réglementation : ce qui a fait la supériorité des rédacteurs de nos Codes, c'est l'élégante sobriété de leur style, qualité maîtresse dont nous ne devons pas nous départir. Mais il ne faut pas que cette concision dégénère en parti-pris et fasse perdre de vue l'intérêt qu'ont les justiciables à soustraire certaines règles aux revirements possibles de jurisprudence.

Ce qui est plus grave, c'est que la révolution industrielle qui s'est opérée au cours du siècle, en matière de transport, a agi sur les bases mêmes de ce contrat, au point d'en détruire l'essence première. La loi, partant de l'idée que toutes les conventions sont libres, maintient entre expéditeur et voiturier un parfait équilibre, et leur laisse le soin de débattre à l'amiable les clauses principales et accessoires de transport. Ce point de vue ne manquait pas d'exactitude en 1807, au beau temps du roulage, quelques années après que le premier consul avait refusé de soumettre à l'Académie des sciences les projets de l'ingénieur Fulton. Mais aujourd'hui tout a bien changé : cette égalité de situation n'existe plus entre les deux parties. Doublement fortes du monopole dont elles sont investies et de la puissance des capitaux qu'elles mettent en œuvre, les Compagnies ont une volonté prépotente, devant laquelle tous les efforts individuels sont tenus de capituler. Toute l'énergie du commerce se brisera contre leur résistance.

Les cahiers des charges et les tarifs constituent, dit-on, toutes les garanties désirables pour le public. Ce n'est pas certain : les cahiers des charges ne peuvent pas tout prévoir. Tel négociant désire, avant de faire une expédition, déterminer à forfait l'indemnité à laquelle il aura droit en cas de retard, pour n'avoir pas la peine d'établir, à frais d'experts, le dommage dont il est menacé. Cette précaution est tellement légitime que l'art. 102 mentionne la clause pénale dans le libellé de la la lettre de voiture. Aujourd'hui, que la Compagnie refuse d'accéder à son désir ou ne s'entende pas avec lui sur le chiffre du forfait, et voilà l'expéditeur forcé de s'incliner.

Autrefois, à défaut d'un voiturier, il en trouvait un autre. Un pareil raisonnement serait-il aujourd'hui de mise?

Nous ne nous attarderons pas à examiner les autres hypothèses dans lesquelles la liberté des particuliers est exposée à des froissements en face des Compagnies. Le remède n'est pas facile à découvrir. Mais, quand nous voyons la loi, en matière de sociétés, protéger les souscripteurs d'actions contre les volontés des financiers et les séductions des prospectus, nous nous demandons si elle ne devrait pas accorder aussi un surcroit de protection aux expéditeurs, pour qui la force de la persuasion n'est pas une arme suffisante contre l'obstination des Compagnies.

Il est inutile de poursuivre. Aussi bien, toute nécessaire que nous semble la révision générale des règles du transport, nous ne pensons pas que l'heure soit venue de l'opérer. Puisque la Commission daigne faire appel à nos conseils, nous lui répondrons avec une entière franchise. A sa place, nous nous en tiendrions à l'objet limité de la pétition. Il faut courir au plus pressé : c'est l'article 105 seul qui est en cause ; c'est lui seul qu'il faut réformer. Dans quelques années, quand l'ordre du jour de nos Assemblées sera débarrassé des questions de droit public qui l'assiègent, on pourra songer à élargir la réforme, à l'étendre à l'ensemble du contrat de transport, disons plus, au Code de commerce tout entier. Nous ne dissimulons pas notre préférence pour une refonte générale de notre législation commerciale. Les révisions partielles font surcharge dans le corps de l'ancien texte, et en détruisent trop souvent le lien et l'harmonie.

Ce n'est pas seulement en matière de transport, mais aussi dans l'ordre des effets de commerce, du droit maritime et des faillites, que notre loi retarde sur les progrès du siècle. A part la révision de 1838 et des remaniements tout-à-fait secondaires, notre Code de commerce est resté ce qu'il était en sortant des mains du conseil d'État du premier Empire. Depuis cette époque, toutes les nations de l'Europe ont marché de l'avant ; seuls nous avons gardé l'immobilité. Cette législation est bien surannée. La plus ancienne après la nôtre est celle de l'Espagne, et cependant elle lui est de plus de vingt ans postérieure. Nous avons rappelé le mouvement qui s'est produit en Belgique dans ces trente dernières années. En Suisse et en Italie des projets de Codes nouveaux sont déposés. Nous voudrions traduire le sentiment que nous cause une telle comparaison. Ce n'est pas de l'humiliation, certes, car chaque fois qu'on remue cette législation nationale, nous éprouvons au contraire un légitime orgueil à nous rappeler qu'elle a servi de type à celle des autres peuples, même de ceux qui sont le plus disposés à contester leur lien de parenté. C'est plutôt le désir de nous voir reprendre le pas, après un aussi long temps d'arrêt. Le gouvernement rendra au commerce un signalé service, en entreprenant, quand il en aura le loisir, cette œuvre de progrès et d'évolution.

Les conclusions du rapport de M. Thaller, ayant été successivement mises aux voix, ont été adoptées par la Faculté.

Ce rapport sera imprimé, adressé à M. le Garde des Sceaux, et distribué suivant l'usage.

Le Doyen,

E. CAILLEMER.

Lyon.— Impr. Mougin-Rusand, rue Stella, 3